ALONDRA

Pinta de color el Cielo

Escrito por
Beatriz Ramona Coronado Ortega

Ilustrado por
Alejandra De la Selva

Bola PUBLISHING INTERNACIONAL

ola
PUBLISHING
INTERNACIONAL

Hola Publishing Internacional
Eugenio Sue 79, int. 4, Col. Polanco
Miguel Hidalgo, C.P. 11550
Ciudad de México, México

Primera edición, enero 2025
ISBN: 978-1-63765-690-7
Número de control de la Biblioteca del Congreso: 2024920482

Hola Publishing Internacional es una empresa de autopublicación que publica ficción y no ficción para adultos, literatura infantil, autoayuda, espiritual y libros religiosos. Continuamente nos esmeramos para ayudar a que los autores alcancen sus metas de publicación y proveer muchos servicios distintos que los ayuden a lograrlo. No publicamos libros que sean considerados política, religiosa o socialmente irrespetuosos, o libros que sean sexualmente provocativos, incluyendo erótica. Hola se reserva el derecho de rechazar la publicación de cualquier manuscrito si se considera que no se alinea con nuestros principios. ¿Tiene una idea para un libro que quisiera que consideremos para publicación? Por favor visite www.holapublishing.com para más información.

A mi familia.

ESTE LIBRO PERTENECE A

*Instruye al niño en su camino y aun
cuando fuere viejo no se apartará de él.*

Proverbios 22:6, RVR

Alondra es una niña que vive en el Cielo y tiene muchas ganas de nacer en la Tierra. Ama contemplar el mundo desde su pequeña nube, le fascina ver el sol brillar, las estrellas resplandecer y conversar con su amiga Luna.

Alondra lleva puesto un vestido de plumas y le gusta andar descalza, pues adora sentir el pasto y las nubes bajo sus pies. Tiene el cabello largo y castaño, es cachetona y sus ojos brillan como el mismo sol.

8

El Cielo es un lugar hermoso, lleno de flores y animales de todo tipo que conviven entre ellos. Hay cascadas y muchas nubes. A los niños del Cielo les gusta jugar sobre ellas, disfrutan de atrapar estrellas traviesas.

A Alondra le fascina jugar con ellos, pero lo que más disfruta hacer es asomarse desde la orilla de su nube para contemplar el mundo que Dios creó con tanto amor para sus hijos.

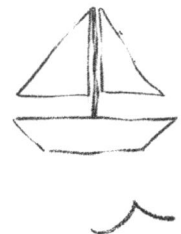

Alondra tiene un libro que es muy preciado para ella: un Libro Dorado que sólo Dios puede leer. Es el Libro de la Vida y, cuando lo abre, la luz que emana ilumina su tierno rostro.

Aunque para Alondra el libro está en blanco, sabe que en su Libro Dorado está escrita la misión que debe cumplir en la Tierra. Todos tenemos una misión que cumplir.

Alondra es una niña valiente, inteligente y noble. Le encanta ayudar a los demás.

Después de pasar tiempo con Papá Dios, Alondra se dispone a jugar.

Uno de sus juegos favoritos se juega después de la lluvia. Se trata de buscar el arcoíris. Cuando lo encuentra, después de correr entre las nubes y abrazar los rayos del sol, brinca de un color a otro, patinando y salpicando de colores a los niños que juegan con ella.

Alondra sabe que el arcoíris es una señal de Dios para recordarles el pacto que hizo con los hombres y los animales.

Una mañana un par de pajarillos cantores despiertan a Alondra. Alondra se levanta y corre a su nube a ver el mundo. Ahí se encuentra a un pájaro azul muy platicador, que le dice:

—Hola, soy Alonso, un pájaro. ¿Tú qué eres? —canta el pájaro.

—Soy Alondra, una humana… pero aún no nazco —le responde Alondra.

—¿No has nacido? —pregunta sorprendido el pajarito—. Mejor no lo hagas. Los humanos no saben compartir ni ayudar, y no saben hacer amigos.

Alondra no cree en las palabras del pájaro azul, pero decide investigar más acerca de los humanos.

Un día, mientras Alondra contempla a los humanos, a lo lejos distingue unas luces extrañas que parecen fuegos artificiales. Al acercarse se da cuenta que las luces queman la superficie de la Tierra. Sorprendida, exclama:

—¡Dios mío! ¿Qué es ese enorme estruendo? ¡Cuánto polvo, cuánto fuego!

Un Ángel se acerca a ella y le responde:

—Es la guerra.

Alondra pregunta: ¿Qué es la guerra?

El Ángel tristemente le responde:

Las guerras comienzan cuando dos o más países no están de acuerdo en algo. Es como si no quisieran ser amigos, ni compartir nada.

Pero, tranquila, las guerras terminan porque hay personas buenas que ayudan a que las diferencias se resuelvan y puedan ser amigos nuevamente y vivir en paz, solo así viviremos felices juntos compartiendo el mundo y las riquezas que dios nos da.

Alondra se queda muy triste después de haber visto la guerra.
Tiene muchas dudas: ¿dónde va a jugar cuando baje a la
Tierra?, ¿qué sucede con los niños y los animalitos cuando
hay guerra?

El Ángel, tratando de reconfortarla, la toma en sus brazos y
le responde:

—No te asustes, pequeña. Cuando tú nazcas tendrás mamá
y papá que cuidarán de ti y te amarán. Y yo, que soy tu Ángel
de la Guarda, te acompañaré y te cuidaré por siempre. Todos
tenemos un ángel que nos cuida, nos ama y nos protege.

Una noche, Alondra sueña que vuela como Alonso, el pajarito. En su sueño disfruta el viento sobre la cara y esa hermosa sensación la lleva a cantar.

Sonríe y exclama:

—Aquí estoy, sobre la Tierra, amigos y hermanos.

Este sueño es un pequeño regalo de Dios.

Su Ángel de la Guarda le acaricia suavemente el cabello, pues sabe perfectamente lo que ella está soñando, ya que hasta en sus sueños la cuida. Así de perfectos son los cuidados de un ángel de Dios.

Cuando despierta, Alondra tiene una firme convicción.

Va frente a Dios y le dice:

—Padre, la Tierra es muy bonita, pero yo no quiero nacer. ¡No quiero alejarme de ti! Contigo tengo amor, paz, felicidad. No sé qué haría sin Tu Presencia.

Y Dios le responde:

—Alondra, yo siempre estaré contigo, no hay nada que temer. Voy dentro de tu corazón.

Alondra responde:

—Yo preferiría nacer siendo pájaro, como Alonso. Los humanos discuten, pelean y hacen guerras.

Él acepta porque conoce el destino de Alondra y el de todos los habitantes del Cielo y de la Tierra. Todo está escrito en Su Libro Dorado.

Dios prepara todo para que Alondra baje a la Tierra como pájaro cantor. Para ella es un día muy especial; será un pajarito amarillo y alegre.

Alondra está a punto de atravesar el umbral dorado, celestial, que parece hecho de miel, que la llevará a la Tierra para que nazca con las más bellas alas.

Las arpas celestiales comienzan a tocar una hermosa canción. Alondra sólo piensa en lo divertido que será sentir el viento en sus alas, recorrer el mundo, ir de un lugar a otro, pero cuando está a punto de cruzar, algo inesperado sucede.

Una chispa divina invade el corazón de Alondra y se da cuenta de que, como pájaro, no tendrá voz para interceder y ayudar en las cosas que a Dios le agradan. Tampoco podrá hablarle a los humanos del amor de Dios.

Entonces recuerda la misión que Dios le encomendó desde el inicio, para la cual ha sido creada, y por fin entiende todo.

Alondra se detiene y dice:

—Padre, cambié de opinión: he decidido nacer como humana y cumplir la misión que Tú con todo Tu Amor me has encomendado. Quiero que se haga Tu Voluntad y no la mía.

Él asiente y sonríe. Ama la obediencia y el corazón de Alondra. Le dice:

—Bienvenida, entonces, a tu destino.

Una noche llena de estrellas, Alondra tiene un sueño. Sueña que conoce al Arcángel Gabriel, quien le habla dulcemente al oído:

—Ha llegado tu hora, pequeña luciérnaga. Es tu tiempo de nacer.

Alondra, llena de felicidad, salta de su nube. Desorientada, percibe una luz brillante a su alrededor y se da cuenta que todo ha sido real. Efectivamente, ¡el Arcángel Gabriel está junto a ella!

Emocionada, Alondra le pregunta al Arcángel Gabriel:

—¿Es mi hora de nacer?

El Arcángel le responde dulcemente que sí.

—Cuando nazca, necesito hablarles a todos del amor que Dios tiene por ellos. No debo olvidar nada.

—Tranquila, Alondra. Mira a tu alrededor —le dice el Arcángel.

Alondra observa a su alrededor a los siete arcángeles listos para cuidarla y acompañarla a la Tierra junto con su Ángel Guardián. Una lluvia de estrellas cae en el Cielo y es visible desde la Tierra.

Ha llegado la hora. Las arpas de los querubines suenan dulces y festivas. Los niños se agrupan, cada uno con un lirio en la mano. Juntos bordean el camino por el que ha de avanzar Alondra hasta donde está Jesús.

Ella cierra sus ojitos y Jesús toca su cabecita. Unas chispas de estrella brotan de ese toque sagrado y en ese instante el alma de Alondra se dirige a la Tierra para nacer.

Alondra escucha la voz de Jesús muy cerca:

—Mi pequeña luciérnaga, iré a la Tierra detrás de ti muy pronto, como se los prometí. Guiaré tus pasos mediante el Espíritu Santo y cuidaré de ti siempre.

Cientos de luces de bengala iluminan el Cielo y los arcángeles acompañan el alma de la pequeña Alondra a los brazos de su madre, quien ya la espera en la Tierra con amor.

Y así, finalmente, el sueño de Alondra se hace realidad y nace en la Tierra como humano para servir a Dios amando y cuidando a los demás.

Fin

*Y nosotros hemos conocido y creído el amor
que Dios tiene para nosotros. Dios
es amor; y el que permanece en amor
permanece en Dios, y Dios en él.*

Juan 4:16, RVR

ALONDRA

"Estos libros han surgido a través
de mis sueños, así que los considero
un regalo divino".

MAZATLÁN

Desde los primeros reflejos del amanecer sobre las calles, ya se siente la calidez del clima en su gente, en sus pueblos circunvecinos, en sus playas, y en su amplio y bello malecón. Los pescadores se hacen a la mar para regresar con una variedad de mariscos frescos como pescado y camarón, con los cuales los habitantes mazatlecos han sabido crear recetas muy originales, capaces de deleitar al paladar más exigente.

Conocer Mazatlán y convivir con su gente es llenarse de una esencia mexicana única. Una vez que uno vive esta experiencia, siempre le quedará el deseo de volver a repetirla. Así es Mazatlán.

En esta imagen se puede observar una pulmonía, que es un medio de transporte icónico en el puerto y una atracción turística única, de la que sin duda disfrutarás al recorrer su malecón.

Yo amo Mazatlán y pido porque "la paz empiece en Sinaloa".

Mazatlán vive del turismo, no cerremos las puertas con violencia. Por un Sinaloa libre y pacífico. ¡Que servir sea tu esencia!

Esta historia transcurre entre nubes y estrellas, en El Cielo. Comienza con la pregunta de una niña. Alondra vive en El Cielo, y esto es así porque todavía no ha nacido como humana en la Tierra. Dios les ha dicho a todos los niños que tienen una misión que cumplir cuando nazcan, pero Alondra tiene muchas preguntas.

Acompáñala en su aventura, en la que descubrirá su misión y algunos asombrosos secretos del Cielo.

Alondra en el Cielo
ISBN Pasta blanda: 978-1-63765-405-7
Precio eBook: $9.99
Precio: $25.00
Número de páginas: 138